AF459140

LETTRE

SUR

L'INSCRIPTION

DE LA FONTAINE

DE L'ÉCOLE DE MÉDECINE,

Suivie de notes,

ET D'UNE LETTRE

SUR

L'ARMOIRIE.

A PARIS,

Chez MERLIN, libraire, quai des Augustins, n.° 29.

A SON EXCELLENCE

MONSEIGNEUR

LE COMTE DE LA CÉPÈDE,

GRAND-CHANCELIER DE LA LÉGION D'HONNEUR;

MINISTRE D'ÉTAT,

SÉNATEUR.

Portrait que tout lecteur reconnaîtra.

D'UN feu sacré vois le conservateur.
Français, ce feu ne peut jamais s'éteindre:
Son souffle pur rallumerait l'honneur
Vif et brûlant, comme il est dans son cœur,
Comme sa bouche le sait peindre.

Par son confrère
à la Société philotechnique,

P. D. F.

AVIS DU LIBRAIRE.

CET opuscule a été entrepris pour la défense du *nom* de *NAPOLÉON*, si étrangement défiguré dans l'*Inscription de la Fontaine de l'Ecole de Médecine*. Les notes sont du plus grand intérêt. La *Lettre sur l'Armoirie* contient des idées neuves sur une matière qui semblait épuisée. On voit que l'auteur a été plus loin que le précepte d'Horace, puisque cette lettre, écrite en 1787, est restée jusqu'à ce jour dans son porte-feuille.

LETTRE

SUR

L'INSCRIPTION

DE LA FONTAINE

DE L'ÉCOLE DE MÉDECINE,

A un Membre de l'Institut.

Chartres, le 15 Janvier 1807.

MONSIEUR,

Je crois pouvoir assurer que vous n'avez pas assisté à la séance où a été *décrétée l'Inscription de la Fontaine de l'Ecole de Médecine.*

NEAPOLIONIS AUGUSTI, etc.

Vous n'auriez pas souffert qu'on eût ainsi mutilé le nom de l'Empereur!

comment vos collègues ont-ils pu adopter une innovation ridicule, qui ne leur offrait pas même l'attrait séducteur de l'invention ?

Qu'un antiquaire ait péniblement anagrammatisé ce nom consacré par tous les genres de gloire ; que, sous prétexte de le restituer dans sa pureté primitive, il l'ait travesti de manière à le rendre méconnaissable, je le conçois : mais que le premier corps académique de la France s'empare aussi hâtivement de cette découverte merveilleuse, et qu'il prenne volontiers le soin de la transmettre à nos neveux, voilà ce que je ne puis concevoir !

Qui donc ignore que jamais il ne fut permis de rien changer aux noms propres *(a)* ?

Je conviens que la diversité des langues, le laps des tems, un long usage, altèrent successivement les noms les plus célèbres ; mais alors c'est à l'histoire seule qu'il appartient de rendre compte des changemens qu'ils subissent.

parce que ces changemens sont des faits. C'est ainsi que nous lisons dans la légende de *Saint-Napoléon* :

« Martyrologia et veteres scriptores » commendant *Neopolim*, seu *Neopo-* » *lum*, qui, ex more profandi *nomina* » medio ævo in Italiâ invalescente, » *Napoleone* communiter nuncupatur. » *Napoleo* igitur, genere vel munere » illustris, etc. »

Comme vous le voyez, l'historien remplit fidellement sa tâche. Il ne conjecture point, il raconte : il ne s'occupe ni d'étymologie, ni d'euphonie; il atteste l'état ancien du *nom*, il dit ses diverses révolutions; il déclare quel il est aujourd'hui : *Napoleo igitur, etc.* Or cet état, ainsi fixé, demeure pour nous invariable.

Je dois à la munificence de M. le Préfet de la Seine un magnifique exemplaire des Fêtes du couronnement.

Vous me demanderez, Monsieur, pourquoi, ayant connu dès leur naissance les *Fasti neapolionei*, j'ai gardé si long-tems le silence? mais querellet-on les couleurs d'un bouquet offert par des enfans à leur père ? dans ces momens d'ivresse, la joie ne laisse point de place à la réflexion, et l'énergie du sentiment cache à l'œil le plus perçant la faiblesse ou l'impropriété de l'expression *(b)*.

D'ailleurs, la nouvelle doctrine ne pouvait guère devenir contagieuse. Ensevelie dans un volume qu'on n'ouvre plus quand la fête est passée, il était difficile qu'elle parvînt à se propager. Aussi, en ce tems et depuis, on a fait plusieurs *inscriptions*, et personne ne s'est avisé d'aller puiser à cette source.

J'en ai conservé deux dans mes recueils. La première, qui a suivi les *Fastes* de bien près, a eu lieu à l'occasion d'un arc de triomphe élevé à *Turin*, lors d'un voyage de l'Empereur, en Mai 1805. Je n'en connais pas l'auteur *(c)*. La seconde est de M. *Fauris de Saint-Vincens*, l'un de ces hommes privilégiés qui savent allier la science et le goût, l'érudition et les graces,

Il l'a composée en 1806, à Aix sa patrie, pour le jour anniversaire de la naissance de *Napoléon*. Lisez-la, Monsieur, et vous verrez qu'elle est écrite dans les deux langues, avec une perfection qu'il est difficile d'atteindre *(d)*.

Comment se fait-il qu'au mépris d'une pareille autorité, au mépris de l'usage, des convenances et de la raison, un membre de l'Institut ait proposé de consacrer sur un marbre impérissable l'étrange système de l'auteur des Fastes? par quel charme suborneur la classe entière a-t-elle été entraînée à redonner une nouvelle vie à ce rêve oublié?

Maintenant savons-nous où s'arrêtera l'erreur? attendrons-nous, pour la combattre, qu'elle ait envahi chacun des monumens de la capitale? Il est digne de vous, Monsieur, de défendre la cause de la raison et du goût également outragés. Chargez-vous de ce soin honorable. Si vous vous taisez, j'irai, j'écrirai sur votre fauteuil académique: *vengeur du goût, tu dors!*

Vous vous rappelerez peut-être qu'au commencement de l'année 1785, j'ai publié deux longues lettres sur l'*Inscription en général*. Je crois y avoir démontré que l'inscription doit être écrite dans la langue du peuple qui érige le monument, conséquemment, dans notre France, en français ; et comme on ne dira pas que nous sommes aujourd'hui plus *latins* que nous l'étions alors ; comme on ne prétendra pas que la langue française, qui vient de s'introduire chez toutes les nations de l'Europe, à la suite des victoires de l'Empereur, et embellie par sa renommée, soit moins répandue ou moins cultivée qu'elle l'était il y a vingt ans, je demeurerai, s'il vous plaît, dans mon opinion.

En effet, l'inscription des monumens diffère essentiellement de la légende des médailles, parce que leur destination n'est pas la même. Le monument parle au peuple, à toutes les classes du peuple : la médaille, au savant seul.

Chargez donc celle-ci de latin, de grec,

d'hébreu même, j'y consens. Plus vous procurerez de tortures à l'amateur, plus vous lui ménagerez de jouissances. C'est toujours par le mérite de la difficulté vaincue qu'il estime ses succès: comme c'est par la rouille et par la vétusté qu'il apprécie le plus ordinairement ses médailles.

Mais vous écrirez en français l'inscription de notre fontaine : car cette inscription doit être, autant que la fontaine elle-même, à l'usage de tous ceux qui participeront au bienfait de l'établissement. Il faut que l'artisan laborieux, qui, dans la distribution journalière de ses eaux, a vu naître un moyen assuré d'alimenter sa nombreuse famille; il faut que le voisin indigent qui, chaque soir, vient remplir sa cruche à la source hospitalière; que le bon villageois qui, pour appaiser sa soif, accourt y tremper son chapeau, il faut que tous connaissent le bienfait, que tous bénissent son auteur! autrement le but de l'inscription ne sera pas rempli.

D'ailleurs, la nouvelle inscription est-elle donc si merveilleuse, que pour l'honneur de l'art on soit nécessairement tenu de la conserver ?

J'en appèle à vous-même, Monsieur.

NEAPOLIONIS . AUGUSTI . PROVIDENTIA
DIVERGIUM . SEQUANAE
CIVIUM . COMMODO
ASCLEPIADEI . ORNAMENTO.
M. DCCC. VI.

Convenons d'abord qu'une inscription, qui n'est pas tellement appropriée au monument auquel elle s'applique, qu'on ne puisse facilement la transporter sur un autre, manque de justesse et n'a par conséquent nul mérite; ceci posé, que signifie cette ligne ambitieuse ?

Divergium Sequanæ.

Toutes les fontaines de Paris offriront-elles autre chose à ses habitans que des eaux détournées de leur cours, que des eaux prises dans la Seine ? toutes ne seront-elles pas destinées à l'avantage des citoyens ?

Civium commodo.

On ajoute, il est vrai :

Asclepiadei ornamento.

Remarquez comment il faut tourmenter, comment il faut disloquer une pauvre langue ancienne, pour parvenir à la plier à nos usages modernes ! Ce n'est pas tout : l'auteur ou les auteurs ont-ils oublié qu'une langue morte ne fait plus d'acquisitions ; qu'on ne peut plus ni lui prêter des mots nouveaux, ni donner aux mots qu'elle possède d'autre acception, d'autre sens que celui reçu par le peuple qui l'a parlée ?

Or, il est certain que cet adjectif était borné chez les Romains à cet emploi unique : *Asclepiadeus versus, Asclepiadeum carmen, vers Asclépiade.* Il est certain que, pendant tout le cours de la latinité, aucun auteur connu ne s'en est servi dans une signification différente. *Asclepiadei* est donc ici un vrai barbarisme.

Et puis, qu'y a-t-il de commun entre notre fontaine et cet *Asclepiadei ?* faisons-lui grace, et laissons-le tranquillement sommeiller entre les mots insignifians qui l'entourent.

Oh ! vous n'y êtes pas, me dit-on! vous devriez savoir qu'il a existé dans les tems anciens un médecin fameux nommé *Asclépiade*, et ainsi deviner qu'*Asclepiadei* présente dans notre inscription une allusion ingénieuse à l'*Ecole de Médecine*.

Vous avez dit le mot, Messieurs les auteurs, *deviner* : mais que vous trouverez peu d'Œdipes !

Passe encore s'il n'y avait eu qu'un *Asclépiade* !

Mais, indépendamment de l'*Asclépiade*, poëte, inventeur d'un mètre nouveau, dont mention est faite chez tous les commentateurs d'Horace; indépendamment d'un *Asclépiade*, philosophe grec, qu'on rencontre dans Cicéron, si j'ouvre Pline, j'y vois tant d'*Asclépiades* médecins, qu'il y a de quoi composer une *pléïade-médicale*. Il est vrai qu'il en est un dont il s'occupe plus particulièrement ; il nous dit de lui : qu'*il florissait à Rome du tems de Pompée ; il* ajoute qu'*il blâmait la méthode de tous ceux qui l'avaient précédé*, et que même *il rejetait les préceptes du divin Hyppocrate.*

On pourrait, ce me semble, induire de ce passage que notre homme était un tant soit peu charlatan ; et s'agissant d'une allusion à nos docteurs modernes, je m'en accommoderais volontiers, n'était qu'une chose encore m'embarrasse, c'est qu'il faut ajouter à tous ces *Asclépiades*, poëtes, médecins et philosophes, un *Asclépiade-plante*, sorte de panacée qu'on nomme vulgairement *Dompte-venin.*

A la vérité, le médecin se nomme *Asclepiadès*, et le dompte-venin, *Asclepias.* Mais comme les deux substantifs se déclinent de la même manière :

Asclepiadès, Asclepiadis ; Asclepias, Asclepiadis,

Je demande avec lequel des deux j'accorderai mon adjectif ? Sera-ce avec l'homme, ou avec la plante ?

Savez-vous, Monsieur, que je commence à me repentir d'avoir osé jeter le gant à mes terribles adversaires! écoutez leur chef, et voyez comme, en ce peu de mots, il pose la question, la discute, et la résout!

« *Neapolionei.* — Dans un recueil de » *Gori*, intitulé : *Symbolæ litterariæ*, » on trouve une dissertation sur un » ancien sceau qui porte l'inscription » suivante :

» SIGNUM - ADELINÆ - VXORIS - NAPOLIONIS -
» DE - FILIIS - VRSI.

» Cette inscription n'étant pas du bon » tems de la latinité, on a préféré de » suivre la règle tirée de l'étymologie. » *Neapolion*, au nominatif, est un » nom qui dérive de *Neapolis, nouvelle* » *ville (e)*; il doit conserver par-tout » les deux voyelles initiales ». *(Fasti, pag.* 69. *not.* 1.*)*

J'aime sur-tout cette décision dogmatique : *il doit conserver par-tout les deux voyelles initiales.*

A quoi

A quoi puis-je mieux comparer *ces deux voyelles tenaces*, qui, bon gré mal gré, veulent demeurer au nom de Napoléon, qu'à la *plainte*, non moins fameuse en son tems, *des consonnes qui n'ont pas l'honneur d'entrer dans le nom de Neuf-Germain? (Voiture, poësies)*. Il me semble que jamais tableau n'eut un pendant plus justement apparié. Il fallait tout l'heur de Napoléon, toute sa gloire, pour sortir victorieux d'une aussi rude épreuve!

En voilà sans doute assez sur cette misérable inscription; encore un mot sur les médailles, et je finis.

En vous accordant que toutes les langues, anciennes ou modernes, mortes ou vivantes, peuvent entrer dans la composition des légendes, n'allez pas penser, Monsieur, que j'aye entendu exclure la langue française de cet emploi. Je suis trop intimement convaincu que maniée par une main habile, elle s'élève ou s'abaisse à tous les tons, et se façonne à tous les styles, pour consentir d'abandonner aucune de ses prérogatives. J'ai prétendu seulement indiquer une distinction, que je crois juste, entre deux espèces d'un même genre : car la médaille est aussi un monument.

Examinez de nouveau la nombreuse suite de médailles relatives à la campagne d'*Austerlitz* : croyez-vous que les légendes déparent cette magnifique entreprise ? Elles sont cependant exprimées en *humble français*. Dites-nous quelle langue réunirait à la fois plus de clarté, de justesse, de précision ! *(f)*.

Arrêtez-vous à celle imitée, ou plutôt copiée d'une médaille de *Germanicus*. Le sujet est le même, les types sont semblables : l'inscription de l'une ne peut guère être que la traduction de l'autre. La situation est gênante, la comparaison dangereuse, les deux langues sont en présence ; quelle sera l'issue de cette lutte intéressante ?

Médaille romaine.

SIGNIS - RECEPTIS. - DEVICTIS - GERMANIS.

Médaille française.

LES AUTRICHIENS VAINCUS.

LES DRAPEAUX FRANÇAIS REPRIS.

En bonne foi, Monsieur, de quel côté oserions-nous placer l'avantage!

Précédemment deux médailles ont été frappées à l'occasion du couronnement. L'une d'elles représente les têtes conjuguées de l'Empereur et de l'Impératrice. J'avoue qu'en lisant les deux noms révérés, *Napoléon-Joséphine*, qui font toute la légende, j'applaudis de bon cœur à nos savans, qui, pour cette fois, avaient bien voulu descendre des hauteurs de leur érudition; mais bientôt appercevant sur l'autre médaille, consacrée à l'Empereur seul, le fatal *Neapolio*, je retombai dans mes premières terreurs.

C'est précisément parce que ces médailles portent la même date, et qu'elles appartiennent au même événement, que je n'imagine pas à quels signes nos neveux pourront reconnaître, dans le *Neapolio latin*, le *Napoléon français, époux de Joséphine.* Ces deux *Ménechmes*, d'équivoque ressemblance, ne produiront-ils point l'effet du *Lambel (g)* dans le blason ? L'écu reste entier, il est vrai ; et pourtant ce n'est plus l'écu du chef de la famille.

Si nous portons nos regards vers des siècles plus reculés, nous verrons l'obscurité s'épaissir à mesure que les tems s'éloigneront. Il est certain que la postérité ne croira pas facilement que tant de hauts-faits ayent été l'ouvrage d'un seul homme. Dans cette disposition des esprits, supposons que les deux médailles parviennent à sa connaissance ; supposons qu'un antiquaire, possesseur de cette riche découverte, essaye d'interpréter les inscriptions ; bientôt on ne doutera plus. On affirmera, on dira :

En ce tems-là florissaient deux grands hommes appelés, l'un *Neapolio*, l'autre *Napoléon.* On ajoutera peut-être qu'il y a lieu de conjecturer qu'ils furent de la même famille ; non pas tant à cause du rapport éloigné des noms, dont je ne crois pas qu'on songe à extraire les racines, que pour la ressemblance des têtes figurées sur les deux médailles.

Voilà donc deux héros dont l'existence sera indubitablement avérée! S'arrêtera-t-on à ce nombre ? Non. Partagée en deux portions, cette immense succession de gloire dépasse trop encore les forces humaines, et le doute renaîtra. On comptera les travaux de Napoléon, on les distribuera entre autant de héros imaginaires........ Jamais la fable n'aura enfanté tant d'Hercules!

Je suis, etc.

NOTES.

(a). p. 6. *Noms propres*.

« *Le nom propre*, dit Richelet, est celui qu'on reçoit au baptême, comme Jean, Pierre, Louis. Le *nom de famille* est appelé *surnom*. Ainsi, dans Louis de Balzac, *Louis* est le nom propre, de Balzac est le surnom ».

Quelques grammairiens partagent cette opinion ; pourtant il me semble que la proposition contraire est plus généralement vraie. Je dirai donc, en me servant de l'exemple cité :

Dans Louis de Balzac, *Louis* est le *prénom*, *de Balzac* est le *nom propre*.

Il se rencontre des exceptions, je le sais ; mais quelle règle, quel principe n'est pas obligé d'en admettre ?

Avant de parcourir ces exceptions, remarquons d'abord qu'elles se rapportent toutes à une même cause, l'établissement du christianisme : d'où il suit qu'elles n'affectent qu'une seule espèce de *nom*, que j'appelerai *nom de religion*.

Lors de cette grande révolution, tout changea dans l'univers, les hommes et les choses, et, par une suite nécessaire, les *noms*.

En embrassant le christianisme, les souverains dûrent rompre tout commerce avec les idoles et les Payens. De ce moment ils employèrent exclusivement, dans les actes publics et privés de leur règne, le *nom* qui leur avait été donné au baptême. Ce *nom* annonçait à la fois aux peuples, et la soumission à la nouvelle croyance, et l'abjuration de l'ancienne.

Ainsi le nom de baptême prit chez eux la place du nom de famille. Il devint leur nom propre, et en acquit le caractère principal, l'*hérédité*. Il passa des pères aux enfans; ensorte que, pour distinguer sans confusion les individus d'une même race, on fut obligé d'ajouter un chiffre à ce nom toujours semblable.

Déjà les évêques avaient donné l'exemple de ce renoncement au nom de famille. Dès les premiers siècles de l'église, et long-tems avant qu'aucun souverain eût courbé le front sous le joug de l'évangile, nous voyons par les conciles dont les actes nous sont parvenus, qu'ils n'employaient d'autre signature que leur nom de baptême et le titre de leur évêché.

On a prétendu que les papes s'étaient assujettis beaucoup plus tard à cet usage religieux. On a commencé par supposer bien gratuitement la vérité du fait; puis, partant de là, on a fait une grande dépense d'érudition pour arriver à connaître quel fut celui qui, lors de son exaltation, se donna le premier un patron nouveau.

Baronius et *Platine* se sont sur-tout distingués dans cette lutte; le premier, par sa pieuse crédulité, le second, par ses folles imaginations.

Croira-t-on que, parce qu'il a plu à Platine d'échanger son nom *Saccus* contre celui du village où il était né, *Platina*, il ait essayé de prêter ce motif humain à *Sergius*, le premier qui, à son avis, ait changé son nom? et pourquoi? parce que ce pontife s'appelait *Bucca porci*, que Platine traduit élégamment *groin de cochon?*

Comment nos savans n'ont-ils pas vu que cette controverse était, comme tant d'autres, sans objet, parce qu'elle est sans moyen de solution! N'est-il pas vrai qu'avant de rechercher quel pape adopta le premier un nom autre que le sien, il fallait s'assurer si les successeurs immédiats de saint Pierre, *Lin*, *Clet* ou *Anaclet*, *Clément*, et les autres, avaient conservé le *nom de leurs pères*; ce qu'il est impossible de supposer, puisqu'ils appartenaient nécessairement à une famille ou juive ou payenne, et que les premiers chrétiens n'avaient pas moins d'horreur pour les Juifs que pour les Payens.

Il n'était plus question de paganisme ni d'idoles, et la croix était presque par-tout révérée, quand des hommes, désireux de se consacrer à Dieu d'une manière plus parfaite, non contens d'aller cacher leur vie dans des déserts inabordables, non contens de s'être dépouillés de tous les biens qu'ils possédaient, voulurent encore abdiquer leur *nom*, comme la dernière propriété qui les attachât à la terre.

Cette circonstance servit merveilleusement leurs légendaires. Ils pensèrent que le récit de leurs vertus obtiendrait plus d'intérêt, et l'histoire de leurs miracles plus de foi, s'ils prêtaient à ces hermites anonymes un *nom*, une naissance distinguée.

Pardonnons-leur cette pieuse fraude. Ces écrivains, qui nous paraissent si simples, connurent ou devinèrent le cœur humain. N'est-il pas vrai que dans un grand nous honorons souvent d'une sorte de culte des vertus que nous négligerions dans un homme privé ? C'est sans doute parce que les bonnes ou mauvaises qualités des grands influent sur le sort de ceux qui leur sont soumis ; mais c'est aussi parce que la vertu se rencontre plus rarement dans les classes élevées. Consultons la sagesse éternelle : quand elle loue les puissans du siècle, c'est moins pour le bien qu'ils ont dû faire, que pour le mal qu'ils n'ont pas fait. « *Beatus vir....... qui potuit* » *transgredi, et non est transgressus, facere* » *mala, et non fecit...* »

Les tems de ferveur et de véritable piété finirent trop tôt pour le bonheur du monde : la piété remonta dans le ciel, et son *nom* seul resta sur la terre, pour en représenter l'ombre.

Les monastères des deux sexes se relâchèrent peu-à-peu des austères vertus de leurs saints fondateurs : mais comme nos religieux ne cessèrent pas pour cela d'être de révérends-pères, et nos religieuses, de révérendes-mères, ces *noms* mystiques leur conservèrent jusqu'à nos jours la vénération des fidèles. La mollesse s'introduisit à Cîteaux, et s'y trouva si bien logée, qu'elle ne quitta plus ce séjour. On conçoit qu'une telle hôtesse réussit promptement à corrompre les mœurs des moines : mais ces moines étaient des révérences, et ce *nom* sacré fascina tous les yeux. Nul ne vit ou n'osa voir l'affreuse dissolution des révérends ! La vanité prit un jour la fantaisie de s'aller nicher sous la bure grossière des humbles pères de l'ordre séraphique. Chaque capucin indigne vanta publiquement sa naissance distinguée et la noblesse de son parentage. La multitude ébahie admit volontiers sa fable mensongère. Le sacrifice que le saint homme avait fait à Dieu lui parut miraculeux, surhumain ! Et le benoît cordon n'en reçut que plus d'hommages !

Jusque là l'orgueil se glissait en secret et dans l'ombre. Il était réservé aux chapitres nobles de le montrer au grand jour !

C'est là que le monde et toutes ses pompes siégent insolemment à côté de l'autel. Ces altesses femelles n'ont plus rien de monastique dans les habits, ni dans les mœurs : ces dames ne sont plus des mères ni des sœurs ; cependant elles retiennent un *nom* de religion. Gardez-vous de les appeler du *nom* de leur famille, elles crieraient au scandale. Dites : Madame Victoire, Madame Clotilde, Madame Sophie ; et vous parlerez comme il faut. Contentes de savourer intérieurement l'orgueil d'un nom fameux, ces dames sont convenues de taire ce nom, pendant le tems de leur sacerdoce, par un reste de respect pour les anciens usages religieux.

Ces dames ont raison. Cette dénomination est en effet la seule marque qui les distingue des femmes du monde, et le dernier fil qui les attache encore à l'église.

Je crois avoir indiqué tous les emplois du *nom de religion*.

On doit en conclure qu'à ces exceptions près, le nom de famille est seul et toujours le *nom propre*, le nom de baptême un *prénom*, et le nom ajouté au nom de famille, un *surnom*.

(b). p. 8. L'énergie du sentiment... cache la faiblesse ou l'impropriété de l'expression.

Obtiendrai-je pour moi l'indulgence que je réclame pour tous ceux de mes concitoyens qui, dans cette heureuse circonstance, ont manifesté leur zèle avec plus ou moins de succès? J'aime à le répéter : si le travestissement du nom de Napoléon n'était pas sorti des *Fastes*, pour passer de là sur un monument bien étranger à la fête, je me serais interdit toute critique à ce sujet.

J'habite une ville dont la commune, quoique chef-lieu de département, est loin d'être riche. Conséquemment ses fêtes sont moins brillantes, mais ne sont pas senties moins vivement qu'ailleurs. Nous les faisons, pour ainsi dire, en famille.

Celle du couronnement n'y a pas été oubliée (7 Pluviôse an 13 — Janvier 1805). Comme l'aspect de nos familles réunies était ce jour-là intéressant! Comme leur gaieté franche, leur reconnaissance pure et désintéressée se peignait sur les visages! Ils se ressemblaient tous! Peut-être que *David* n'eût pas trouvé dans ce spectacle un sujet digne de son génie et de la majesté de l'histoire; mais il aurait fourni à l'imagination riante, à l'ame sensible de *Greuze*, un tableau délicieux.

Dans cette fête, tout s'adressait à l'homme. Tous les yeux se fixaient sur un buste de l'Empereur, destiné à décorer la principale salle de la mairie. Je l'y vis placer aux *vivat* simultanés des habitans qui l'avaient suivi jusque là.

Entraîné par l'enthousiasme général, je fis sur-le-champ ces vers, adressés à un jeune enfant que j'avais conduit à la cérémonie:

Mon fils, nous étions aux abois,
Naufragés et sans espérance:

Nous périssions avec la France,
Lorsque le héros que tu vois
Parut, lui rendit à la fois
Sa gloire antique et sa puissance.
Son sceptre offert par la reconnaissance,
Pour l'acquitter était d'un léger poids :
Mais nous avons emporté la balance,
En y mettant nos cœurs avec nos voix !

On a dit qu'un impromptu ne pouvait valoir quelque chose qu'autant qu'il avait été médité à loisir. Je passe condamnation sur le principe, et même sur la conséquence. Aussi je ne donne pas celui-ci pour *bon*, mais pour *vrai*.

(c) p. 8.

A la porte du tribunal de première instance a été placée l'inscription suivante :

NAPOLEONI
MILITI STRENUO, DUCI OPTIMO,
CONSULI,
PATRIAE AB EXTERIS ADORTAE,
CIVILI DISCORDIA LACESSITAE,
FORTITUDINE, PRUDENTIA
RESTITUTORI,

POPULI VOLUNTATE
FRANCORUM
IMPERATORI MAXIMO,
ITALIAE REGI,
FIDEI, GRATULATIONIS VOTA
TAURINENSIS PINEROLIENSISQ; REGIONIS
IUDICES
LAETI PONUNT.

(d). p. 9.

Le jour de l'anniversaire de la naissance de S. M. l'Empereur, on a élevé sur la place de l'hôtel-de-ville une colonne égyptienne, sur laquelle on a placé l'inscription suivante :

NAPOLEONI I.
FRANCORUM IMPERATORI,
PRINCIPI OPTIMO,
INVICTO,
TEMPLORUM RESTITUTORI,
JUSTITIA, LEGIBUS
POPULOS MODERANTI,
REGNA ADSIGNANTI,
VICTORIIS, CONSILIO
PACEM FUNDANTI,
AQUENSES CIVES

Columnam ex AEgypto
A Romanis transvectam,
Nullo dicatam
Dedicaverunt,
Ann. 1806,
Natali die, 15 Aug.

A Napoléon premier,
Empereur des Français,
Prince excellent,
Invincible;
Restaurateur de la Religion;
Bienfaiteur des peuples
Par sa justice et par ses lois;
Dispensateur des royaumes;
Fondateur de la paix
Par ses victoires et sa sagesse:
Cette colonne
Apportée d'Egypte
Par les Romains,
Restée jusqu'a présent
sans consécration,
Lui a été consacrée
Par les habitans d'Aix,
L'an M DCCC VI,
Le XV Aout,
Anniversaire de sa naissance.

Je

Je n'oserais assurer que l'inscription latine et l'inscription française soient de la même main. Cependant la traduction est à la fois si fidelle et si libre, le génie de la langue s'y montre avec tant de grâce et d'aisance, qu'on est porté naturellement à croire que l'auteur seul a pu se traduire ainsi.

Cet ancien magistrat vient d'être nommé membre de l'Institut. Assurément, si la classe d'histoire et de littérature ancienne eût fait plutôt cette importante acquisition, la discussion qui nous occupe n'aurait jamais existé.

(e). p. 16. Neapolis, nouvelle ville.

L'auteur n'a pas eu de longues recherches à faire pour nous transmettre une étymologie qu'on trouve dans tous les lexiques, grands et petits; mais, puisqu'il était en train de compiler, il devait descendre jusqu'à nos dictionnaires modernes; il y aurait trouvé des renseignemens dont il pouvait faire son profit. Je vais réparer cette omission.

Au moyen âge, plusieurs villes d'origine grecque furent détruites par divers accidens, et reconstruites sur un autre local. Quelques-unes de ces *nouvelles villes* s'emparèrent de ces deux mots, qui, en leur faveur, voulurent bien se fondre en un seul, et même se dépayser, en devenant latins de grecs qu'ils avaient été. Ainsi *Naples* fut nommée *Neapolis*, et ses habitans, *Neapolitani.*

Naples eut dans la suite des liaisons intimes avec la France, et nos pères, par respect pour l'étymologie, conservèrent religieusement les *deux voyelles initiales. Neapolitanus* fut dit en français *Néapolitain.*

Il est vrai que cette traduction littérale occasionna un schisme. Deux partis se prononcèrent fortement: *Napolitain* fut la bannière du peuple, *Néapolitain*, l'étendard des savans.

Cependant ceux-ci avaient obtenu, pour néapolitain, l'honneur d'être inscrit sur le registre des mots qui devaient entrer dans le *dictionnaire de l'Académie.*

Les choses en étaient là, lorsqu'en 1673, l'abbé Fléchier fut reçu à l'Académie française. Il s'était rangé à l'opinion du peuple, et avait employé *napolitain* dans son histoire du cardinal Ximénès: « *Hector* Pignatelli, seigneur napolitain ».

C'était le tems où la Compagnie s'occupait quotidiennement de la révision de ce dictionnaire, dont la naissance fut si tardive, que, comme la Pucelle de Chapelain, il parut vieux et décrépit en venant au jour.

Fléchier devait fournir son quarantième dans le travail commun; une partie de la lettre *N* lui échut en partage. Il y rencontra *néapolitain*, et, à côté, sa phrase de l'histoire de *Ximénès* ignominieusement soulignée.

Il écrivit au-dessous : « ce mot est mal son- » nant pour des oreilles françaises; le peuple » s'obstine à le rejeter. Le peuple sent bien, » il juge bien; mais il ne peut rendre compte » de ses motifs. Il ne vous dira pas qu'ici, par » exemple, c'est la collision des deux voyelles » qui lui déplaît, il ignore ce que c'est qu'un » hiatus; mais sa prononciation est gênée, ses » organes sont blessés, il condamne le mot; » et maîtres de l'usage qui, en ce cas, est l'arbitre » souverain, les savans sont forcés de céder à » la multitude. En matière de langage, tous les » peuples sont républicains ».

Alors Fléchier n'avait pas encore été élevé aux honneurs de l'épiscopat, mais il avait déjà publié la plus grande partie des ouvrages qui, depuis, lui méritèrent cette éminente dignité. Son nom ne faisait pas autorité dans l'église, mais il faisait autorité dans les lettres, et sa seule décision précipita *néapolitain* du trône qu'il avait usurpé.

Il en sera de même de *Neapolio* et de ses deux voyelles initiales. Le tems n'est pas loin où, réunis autour de l'historien de Saint-Napoléon, nous dirons tous avec lui : « *Napoleo igitur, etc.* »

(f). p. 18.

Cette suite est composée de seize médailles. Vue sous le rapport de l'art, de la composition des types, de la pureté du dessin et de la perfection de la gravure, elle est au moins égale au magnifique recueil des médailles de Louis XIV. Mais si nous l'examinons relativement au mérite littéraire des légendes qui les accompagnent, nous serons forcés d'avouer que, dans tous les âges de notre histoire, nous ne rencontrons point de collection qu'on puisse lui comparer.

Cependant une inscription en langue française, adaptée avec quelque convenance au sujet, était jusqu'ici considérée comme une bonne fortune, ou comme un tour de force : d'où peut donc venir le succès soutenu de nos nouveaux légendaires ? Le voici.

La prétention à l'esprit, maladie funeste à tant d'écrivains, qui va toujours traînant à sa suite l'obscure emphase, l'exagération mensongère et l'ambitieuse épithète, avait égaré leurs devanciers. Ils ont vu l'écueil, et l'ont évité. Par-tout où d'ordinaire on voulait peindre, ils n'ont voulu que décrire. Contens de saisir les qualités essentielles du genre, vérité, simplicité, clarté, ils ont employé toutes leurs forces à se défendre de dépasser jamais les bornes du principe austère qu'ils avaient pris pour règle de leur conduite; et l'exécution en a confirmé la justesse et la vérité.

(g). p. 20. Lambel.

L'écu se divise en armes pleines et en armes brisées. Les armes pleines appartiennent au seul aîné; le lambel est la première brisure. Il sert à indiquer la première branche cadette, c'est-à-dire celle dont l'aîné des puînés est le chef.

Le blason a plus d'un rapport avec l'inscription et la médaille. Ses symboles et ses allégories le rapprochent de la médaille, comme son cri d'armes et ses devises, de l'inscription.

Une lettre que j'ai écrite, en 1787, sur la nature de l'armoirie, sera donc ici une sorte d'appendice.

LETTRE

A M. L'ABBÉ BRISARD,

Premier Commis des Archives de l'Ordre du Saint-Esprit.

Meudon, 10 Août 1787.

Vous voulez, mon ami, que je vous dise quelle est mon opinion sur l'époque à laquelle ont commencé les armoiries.

Vous le voulez, j'obéirai; mais prenez-y garde. Il m'arrivera souvent de parler avec quelque irrévérence de vos auteurs les plus accrédités. Me feriez-vous un crime de me venger par fois de l'ennui que m'a causé la lecture du plus grand nombre? En vérité, je vous plains bien sincèrement d'user tous vos jours dans une compagnie aussi stérilement doctorale!

Mon cri d'armes sera contre tous :

Trop tôt , trop tard.

Je crois en effet devoir les partager en deux classes , et dans la première je rencontre d'abord l'avocat *Favin,* auteur du *Théâtre d'honneur et de chevalerie.*

Maître Favin commence par mettre en question si l'origine des *noms propres* a précédé ou suivi l'origine des *armoiries ;* ensorte que , dans son système , il est très-possible , il est même très-vraisemblable que le premier *noble* ait dû naître anonyme ! Mais rien ne doit étonner dans un écrivain qui donne un blason à la troisième génération des hommes , aux petits-fils d'*Adam* , aux enfans de *Seth* , qui , dit-il , *pour se distinguer des fils de Cain , prirent pour armoiries des fruits , des plantes et des figures de divers animaux.*

Et c'est en 1620 qu'il écrit gravement de telles niaiseries !

Dandin , de jugeante mémoire , lui eût crié comme à l'*Intimé* :

Avocat, passons au déluge !

Au déluge ! Viens, Dandin, j'ai trouvé ton homme. *Pierre Seguin* va te montrer chacun des enfans de *Noé* portant à la main son *noble écu*.

Je passe sous silence ceux qui ont suivi leurs traces ; vous les connaissez tous. Chacun d'eux a voulu aussi se créer une époque propre et personnelle. Ainsi l'un date d'*Osiris*, et l'autre des Hébreux. Celui-ci remonte aux tems héroïques, et celui-là redescend aux tems historiques. Tristes érudits, autant ridicules, mais moins fous, et partant moins gais que Seguin ou Favin !

Je dois cependant ne pas confondre avec eux un père *Monet*, jésuite savoyard. C'est le seul qui soit assez modeste, assez sage pour se permettre de douter. Dans un traité vraiment curieux (*) il flotte

---

(*) Origines et pratiques des armoiries à la gauloise. Lyon, 1631, in-4.°

Cet ouvrage a été réimprimé dans la même ville, en 1639.

incertain entre trois époques : *le tems d'Auguste ; l'invasion des Goths , et l'empire de Charlemagne.*

Ici finit ce que j'appèle la première classe.

Deux opinions semblent au premier coup-d'œil partager les auteurs de la seconde classe : mais, en les examinant de plus près, on voit que ces opinions se rapprochent tellement, par rapport aux tems, qu'on peut les ramener à une seule. Tous en effet s'accordent à placer l'origine des armoiries au XIe siècle. Ceux-là du moins ont choisi leur point de départ dans des faits constans et avoués par l'histoire. Ils comptent, les uns des premiers tournois, sous *Henri-l'Oiseleur,* en l'an 1000 ; les autres, du départ de la première croisade , sous Philippe Ier , en 1096.

Mais s'il est prouvé que lors des tournois, antérieurs, de leur propre aveu, aux croisades, les armoiries étaient déjà d'un usage commun ; que déjà même la science du blason avait des règles convenues ; comme j'ai crié *trop tôt* aux premiers, je serai fondé à crier *trop tard* aux seconds, malgré tout le respect que je porte aux ouvrages et à la sage érudition de l'un d'eux, *le Laboureur :* or la preuve, la voici.

Dès les premiers tournois connus, nul ne pouvait être admis sans avoir fait planter *sa bannière* dans le *champ*. Alors et déjà, il existait des *hérauts d'armes*, officiers nécessaires de ces fêtes, dont ils étaient les surveillans. Alors et déjà, leur fonction principale consistait dans la description et l'explication de la bannière des aspirans. On n'explique point, on ne décrit point ce qui n'est pas encore. Donc, quelque nom qu'on veuille donner aux *images* qui décoraient ces bannières, ces images étaient de véritables armoiries. Donc les armoiries ont précédé les tournois.

Ce n'est pas tout. Ces descriptions, ces explications des hérauts se faisaient sans doute suivant des règles, et ces règles étaient connues ; autrement comment eussent-elles été comprises, sinon par la foule des spectateurs, au moins par les *juges du combat?* Mais toute règle présuppose une théorie, une science déjà existante, et cette science des armoiries n'a pu être que celle que nous nommons aujourd'hui le *blason.* Donc il est démontré qu'aux époques indiquées, soit des tournois, soit des croisades, les armoiries n'étaient pas seulement en usage, mais encore la science qui les explique et les juge, *le blason.*

Un dernier reproche que j'adresserai à vos auteurs, c'est d'employer moins d'efforts à rechercher la vérité, qu'à trouver des moyens bons ou mauvais au soutien de l'opinion qu'ils professent. Aussi les voit-on abuser le plus souvent des termes, et tordre en tout sens les autorités qu'ils invoquent. Je parle ici d'eux sans exception, comme sans rancune ; car je sais que tout écrivain polémique est plus ou moins atteint de ce vice. Quand seront-ils donc bien persuadés que cette marche astucieuse et sophistique a le double inconvénient, et d'ôter toute confiance à leurs assertions, et de répandre sur l'ensemble des ouvrages une obscurité inextricable ?

Elle est telle ici que, pour débrouiller ce cahos, on est en quelque sorte forcé de procéder par théorèmes.

Il faudrait d'abord distinguer bien précisément l'*armure*, et tout ce qui lui appartient, de l'armoirie proprement dite. Cette distinction une fois établie, j'en déduirais ce principe si fécond en conséquences :

L'armure est commune, l'armoirie est individuelle. L'armure s'étend à la presque totalité des nations, dans un tems donné ; l'armoirie ne s'étend jamais au-delà des membres composans une même famille.

Ainsi la *cotte* ou *jaque de mailles*, utile à tous par sa propriété défensive, appartient à l'armure ; et la *cotte d'armes*, à l'armoirie, par la personnalité de ses couleurs.

Ainsi tous les *boucliers*, depuis celui chanté par *Homère*, jusqu'au bouclier qui céda la place à la *cuirasse*, lors de l'invention de la poudre, sont de simples armures, et n'ont rien de commun avec l'armoirie.

L'armoirie est individuelle. Ainsi, bien qu'il soit vrai de dire que dans toutes les grandes réunions des peuples, dès les premières guerres, et même dès les tems héroïques, des signes, des marques, des distinctions ont nécessairement eu lieu, soit pour reconnaître les nations entre elles, soit pour distinguer les peuplades ennemies des peuplades alliées, soit pour faire mouvoir avec ordre les divers corps d'une armée un peu nombreuse ; il n'est pas moins certain que ces marques et ces signes diffèrent de l'armoirie autant par leur nature que par leur destination.

L'armoirie est individuelle, mais en même-tems elle est *héréditaire :* elle se perpétue de race en race, jusqu'à l'extinction entière de la famille. Ici, au contraire, je vois des distinctions bornées à la durée d'une réunion, une hiérarchie de rangs qui commence et finit avec une guerre; tout naît des circonstances, tout passe, tout finit avec elles, pour rentrer aussitôt dans l'ordre commun. Ce n'est donc pas là que nous pourrons trouver l'origine de l'armoirie.

Jugeons de ce qui s'est fait dans les tems anciens par ce que nous avons vu pratiquer dans les tems modernes, dans des circonstances pareilles : je parle des levées en masse, des milices, et de l'arrière-ban, qu'on pourrait appeler la milice des nobles.

Ces troupes irrégulières n'ont point ces uniformes dont les couleurs variées distinguent chacun des corps, ni ces épaulettes habilement graduées, qui montrent à l'œil exercé l'ordre établi entre les chefs : comment un général, privé de cette ressource ingénieuse et sûre, fera-t-il mouvoir ces masses confuses? Appellera-t-il l'armoirie à son secours? Non. L'arrière-ban lui en offre pourtant une assez abondante moisson;

mais il sait que, parce qu'elle est individuelle, l'armoirie est essentiellement incommunicable, et ne peut remédier au défaut dont il se plaint.

Il a découvert un moyen plus assuré. Il distribue ces lourdes masses en petits corps plus légers, plus actifs; il donne à chacune de ces divisions une enseigne ou drapeau : il distingue ces signes les uns des autres, tantôt par un ordre de chiffres adopté, tantôt par quelque figure, quelque symbole convenu. Dès-lors les ordres de bataille partent de la bannière nationale et arrivent avec une égale facilité, de la tête de l'armée à la queue, et du centre aux extrémités.

Je tiens tellement au principe de l'individualité, comme caractère constitutif de l'armoirie, que je ne crains pas de ranger dans la classe des enseignes les armes des républiques et des villes, même les sceaux des monarchies, et, à plus forte raison, ceux des universités et des académies.

Il est probable, on pourrait même dire il est certain que, dans l'origine, toutes ces armes, tous ces sceaux ont été de véritables armoiries. Sans doute, lors du déchirement de l'empire romain, les choses se sont passées comme lors du démembrement de l'empire d'Alexandre; à cette différence près que les lieutenans d'Alexandre ont fondé sur-le-champ de grandes monarchies, tandis que les Goths, les Vandales, les Francs, et les autres peuplades venues du nord, n'arrivant que par bandes isolées et sans union entre elles, ne conquéraient que des portions de provinces, qu'ils érigeaient en petites souverainetés. De ces conquêtes successives est sortie cette foule de duchés, de comtés, de principautés qui, fondus depuis dans de grands états, ont donné naissance au régime féodal.

Ce n'est que bien postérieurement à l'invasion qu'on a vu s'élever quelques républiques, quelques villes libres, et il me semble qu'on peut supposer qu'elles auront retenu l'armoirie de leur souverain détrôné.

détrôné. C'est ainsi qu'en France les armes de nos cités sont copiées de l'armoirie du duc ou du comte qui les gouvernait à l'époque de leur émancipation.

C'est encore ainsi que, dans les monarchies, le sceau de l'État a toujours été l'armoirie du prince régnant. C'est pour cette raison qu'on le voit constamment échangé avec l'armoirie du chef de la dynastie nouvelle, quand il arrive que la dynastie actuelle est éteinte ou détruite.

Vous concevez que je ne suis pas embarrassé des prétendues armes qui figurent sur les diplômes des académies et des universités; et, prenant pour exemple la *Sainte-Anne de Bourges*, je la reléguerai avec ses sœurs parmi les bannières patronales de nos paroisses, parmi les mille et un guidons des mille et une confréries qui brillent dans nos solennités, où elles font et attirent la foule.

Concluons donc que l'armoirie est nécessairement individuelle; qu'elle appartient à un homme seul, qui la transmet à une famille unique ; et que, toutes les fois qu'elle dépasse la limite étroite que sa constitution lui a tracée, elle se dénature et périt.

Je vous vois d'ici, mon très-cher, et je vous connais assez intimement pour deviner ce qui se passe en vous. On vous remet ma lettre, vous l'ouvrez avec précipitation; vous la lisez attentivement jusqu'à la fin, puis, la laissant tomber nonchalamment sur votre bureau, vous vous écriez avec chagrin : voilà bien nos raisonneurs ! ils distinguent, ils définissent, ils dissertent : ils parlent très-doctement de tout ce qui ne tient point à la question ; mais avancent-ils la solution d'un seul pas ? oh ! non.

J'en suis fâché, mon bon ami. Mais comment se fait-il que vous, l'homme du métier, ayez pu me proposer une question insoluble ? Plus je l'ai examinée, plus je l'ai approfondie, et plus je me suis convaincu que personne ne pourra préciser, avec quelque ombre de certitude, en quel tems a commencé l'emploi de l'armoirie, dans l'acception que nous lui donnons aujourd'hui. Quelque opinion qu'on embrasse, ce sera toujours *trop tôt ou trop tard.*

Je suis, etc.

MON DERNIER MOT.

» On accompagne les nouveaux monumens d'inscriptions. Nous avons déjà cité celle de la Fontaine de l'Ecole de Médécine, *qui* a été le sujet de *critiques si ridicules*. Voici celle qu'on lit sur la Fontaine des Invalides, *qui* est décorée du Lion de bronze *qui* était à l'église de Saint-Marc, à Venise.

On lit d'un côté :

NAPOLÉON BONAPARTE,
EMPEREUR DES FRANÇAIS,
A ORDONNÉ
QUE CE MONUMENT FÛT PLACÉ
SOUS LES YEUX DES GUERRIERS
DONT IL ATTESTE LES EXPLOITS.
L'AN PREMIER DE SON RÈGNE,
M. D. CCC. IV.
MINISTÈRE DE L'INTÉRIEUR, A. CHAPTAL.

De l'autre côté on lit :

NAPOLION IMPERATOR REX
LEONEM DE VENETIIS CAPTIS TROPAEUM,
AD EMERITORUM MILITUM CASTRA
EORUM VIRTUTIS INSIGNE,
ERIGI JUSSIT (*) ».

N'en déplaise au rédacteur du Magasin, il doit convenir que son annonce est écrite avec autant de négligence dans le style que d'obscurité dans le sens.

Que veut-il dire? que l'exemple donné dans une inscription conçue en 1804 doit légitimer les défauts qu'on a reprochés à une inscription de l'année 1806? cela ne peut être. Aussi ne vois-je qu'une seule conséquence raisonnable à déduire de ce récit embarrassé; c'est que le *Neapolio* de l'École de Médecine et le *Napolion* de l'Hôtel des Invalides sont de même date: c'est-à-dire que deux écrivains se sont rencontrés au même tems, pour travestir, chacun à sa manière, le nom du héros.

Cependant il prend de là occasion pour répéter que les *critiques* dont la Fontaine de l'École de Médecine a été l'objet sont *si ridicules*..... oui,

---

(*) Magasin encyclopédique, Janvier 1807, p. 167.

si ridicules ! . . . . . qu'on serait tenté de croire qu'il n'ose pas y répondre !

En vérité, ce n'était guère là le lieu de réveiller des querelles assoupies.

Que demandaient les auteurs de ces *critiques si ridicules ?* que l'inscription des monumens érigés en France s'exprimât en français. Le Ministre de l'Intérieur a voulu que la Fontaine des Invalides portât deux inscriptions, l'une latine, l'autre française, et cette association est déjà pour eux une demi-victoire. On servira leur cause toutes les fois qu'on fera concourir les deux langues à un même emploi. Ce concours leur offre le moyen d'établir entre elles une comparaison dont les résultats tournent bien peu souvent à l'avantage de la langue morte.

Jetons d'abord les yeux sur l'inscription française, et nous verrons qu'elle est noble, juste, précise, dégagée de toute inutilité, et cependant complète et entière.

J'ai prouvé, dans le cours de la discussion qui a précédé, qu'une inscription doit être tellement propre au monument qu'elle accompagne, qu'il soit impossible de la transporter sur un autre ; j'en dis autant de toutes les parties qui le composent, et sur-tout de la place qu'il occupe.

Je confesserai donc que s'il eût été destiné à tout autre édifice qu'à l'Hôtel des Invalides, l'inscription française aurait pu, que peut-être même elle aurait dû signaler le *Lion de Venise*; mais dès qu'il est placé

« Sous les yeux des Guerriers
» dont il atteste les exploits,

toute explication me semble superflue. N'ayez peur que nos braves laissent perdre jamais la glorieuse tradition du triomphe qu'il leur rappèle.

On ne raconte point les particularités d'un combat au soldat qui s'y est trouvé. On ne dit point au vainqueur, ni à ses compagnons d'armes, le nom des trophées qui enrichirent sa victoire. L'omission de cette circonstance est donc, dans l'inscription française, une preuve de délicatesse et de goût.

Ces réflexions me conduisent à l'examen de l'inscription latine. Si elles sont vraies, il faudra en conclure que la première ligne,

« Leonem de Venetiis captis tropæum,

n'ajoute rien à l'inscription française, sinon un détail qu'elle a dédaigné, comme inconvenant et inutile.

« Ad emeritorum Militum castra.

Ce n'est plus ici inconvenance, mais impropriété absolue d'expression. *Emeritus* ne s'applique qu'à l'âge. *Emeritus miles* est un soldat vétéran, exempté du service, et renvoyé dans ses foyers, ordinairement après vingt années, dit Rollin.

On leur accordait ce que nous appelons un congé absolu. Auguste établit des récompenses en faveur de ces émérites, nous dirions, nous, des pensions de retraite. Mais ces émérites, ces vétérans n'ont rien qui ressemble à nos invalides.

En France, ce n'est point l'âge, ce n'est point l'ancienneté du service qui procure l'admission aux *Invalides*, mais les infirmités, les blessures, l'impuissance de plus servir. A Rome, au contraire, un nombre convenu de campagnes ou d'années faisait les vétérans.

Sans doute ils n'étaient point infirmes, ils n'étaient point *invalides*, ces hommes qui, appelés aux armes dans les dangers de la Patrie, accouraient volontairement, formaient des corps privilégiés, combattaient sous des commandans de leur choix, et dont le courage, éclairé par l'expérience, a plus d'une fois décidé la victoire (*).

(*) On les nommait *Evocati*. *Servius* dit, en parlant d'eux : « Evocati non sunt Milites, sed Promilites....

Remarquons en passant qu'*invalide* est adjectif et substantif ; que pris substantivement, ce mot renferme deux idées, celle d'un homme de guerre et celle d'un homme infirme, *un invalide*. Or, la langue latine n'a point d'expression qui corresponde à ce double rapport. *Infirmus*, *invalidus*, qui s'entendent des infirmes de tout sexe, de toute profession, de tout âge, ne peuvent pas retracer cette nuance.

Nouvelle preuve, entre mille autres, de l'impossibilité où sont nos *latino-modernes* de traduire avec quelque justesse des usages nés depuis la mort de cette langue.

Occasion sans cesse renaissante de les rappeler à la leçon un peu amère que faisait Boileau à Du Perrier, Ménage et Santeuil, qui valaient bien nos faiseurs d'inscriptions (*) !

« Castra.

Nous avons vu qu'on peut rassembler dans des camps des guerriers émérites, des vétérans ; l'Empereur nous en a fourni lui-même un nouvel exemple : mais comment a-t-on pu appercevoir

---

» hoc est, qui ad unum militant bellum ». Æneid. libr. 2.

(*) Fragment de dialogue. Œuvres de Boileau, édit. de Saint-Marc, tom. 3. pag. 55.

aux *Invalides* l'image d'un camp ? comment a-t-on pu appeler de ce nom le séjour de ces braves, mutilés et criblés de coups, de ces restes de la victoire, de ces *Reliques de Mars*, suivant l'heureuse expression d'un poëte qui a chanté cette belle création de Louis XIV,

« *Martis relliquias placidâ in statione locavit ;*

de cette foule de héros, de la plupart desquels on peut dire, à juste titre, ce qu'a dit du Maréchal de Rantzau l'auteur de son épitaphe (*) :

« Et Mars ne lui laissa rien d'entier que le cœur.

On a peine à qualifier une erreur aussi grossière! voilà pourtant où conduit le malheureux emploi d'un terme impropre et inapplicable au sujet ! tant le choix des mots influe sur l'ordre ou la confusion des idées !

J'avouerai volontiers que *placida statio* est faible et languissant. Je préférerai toujours sans contredit le vers de Virgile :

« O Melibœe, Deus nobis hæc otia fecit !

Mais au moins l'idée est juste : tandis qu'autant *castra* est loin d'*otia*, autant l'inscription est loin de la raison et de la vérité.

(*) Recueil d'Epitaphes, par De la Place, tom. 1.er, page 61.

Ces *critiques*, jugées *si ridicules*, exprimaient encore un autre vœu, celui de transmettre à nos neveux le nom de l'Empereur, pur, sans tache, et dans son intégrité. Leurs auteurs, qui ne se croient pas vaincus, diront donc :

Pourquoi *Napolion*, au lieu de *Napoleo* ? pourquoi donner une terminaison grecque à un mot qu'on veut latiniser ?

Ils ajouteront :

Tous les jours on rit de bon cœur, et sans qu'aucun se scandalise, d'un important de société qui, accouplant avec effort de grands mots dépourvus de sens, ouvre une grande bouche pour ne rien dire ; et l'on ne pourrait, sans être taxé de *ridicule*, sourire avec modestie de la méprise d'un savant qui, voulant agrandir son sujet outre mesure, est parvenu à le rapetisser en effet !

Que n'a-t-il, avant d'écrire, consulté *Henri Étienne* ? il y aurait appris que la finale *ion* est exclusivement employée à marquer les diminutifs grecs. Aussi l'auteur, constamment occupé d'établir *la conformité du langage français avec le Grec*, cite-t-il aussitôt deux diminutifs français formés sur ce principe : *Césarion*, de César, et *Marion*, de Marie.

Les grammairiens anciens et modernes attestent unanimement l'existence de cette règle. *Furgault* lui-même en parle, quoiqu'il prétende restreindre son autorité aux seuls diminutifs neutres. Ainsi, comme le fils naturel de César et de la belle Cléopâtre, *Césarion*, est un *Petit César*, *Napolion* est inévitablement un *Petit Napoléon*.

C'était bien la peine de quitter la route commune pour s'aller précipiter dans un gouffre sans fond !

Au moment où je finis cette note, j'apprends que *Neapolio* reparaît sur la *Colonne triomphale* avec tous ses agrémens (*). Ce n'est pas moins ici *mon dernier mot*, et, quoiqu'il arrive, je tiendrai religieusement ma parole.

Paix et repos éternel à toutes les inscriptions faites et à faire!

. . . . *hic cæstus artemque repono.*

(*) Moniteur du Juillet 1809.

Achevé d'imprimer le 5 Août 1809.

A CHARTRES, chez DURAND-LE TELLIER,
Imprimeur de la Préfecture et de la Mairie.

www.ingramcontent.com/pod-product-compliance
Ingram Content Group UK Ltd.
Pitfield, Milton Keynes, MK11 3LW, UK
UKHW020427230726
13925UKWH00004B/1634